Stefan Herden

Politische Anthropologie bei Aristoteles und Hobbes

Vergleich Politika / Leviathan

GRIN - Verlag für akademische Texte

Der GRIN Verlag mit Sitz in München hat sich seit der Gründung im Jahr 1998 auf die Veröffentlichung akademischer Texte spezialisiert.

Die Verlagswebseite www.grin.com ist für Studenten, Hochschullehrer und andere Akademiker die ideale Plattform, ihre Fachtexte, Studienarbeiten, Abschlussarbeiten oder Dissertationen einem breiten Publikum zu präsentieren.

Dokument Nr. V147439 aus dem GRIN Verlagsprogramm

Stefan Herden

Politische Anthropologie bei Aristoteles und Hobbes

Vergleich Politika / Leviathan

GRIN Verlag

Bibliografische Information der Deutschen Nationalbibliothek: Die Deutsche Bibliothek
verzeichnet diese Publikation in der Deutschen Nationalbibliografie; detaillierte bibliografische Daten sind im Internet über http://dnb.d-nb.de/ abrufbar.

1. Auflage 2009
Copyright © 2009 GRIN Verlag
http://www.grin.com/
Druck und Bindung: Books on Demand GmbH, Norderstedt Germany
ISBN 978-3-640-58198-6

Universität Hamburg
Institut für Politische Wissenschaft
Seminar: 22-123.12 „Tradition und Innovation –
Aristoteles und die Politiktheorie der Prämoderne"
Wintersemester 2008 / 2009

Politische Anthropologie bei Aristoteles und Hobbes / Vergleich Politika / Leviathan

Stefan Herden

30.04.2009

3. Fachsemester B.A. Politikwissenschaft

Inhaltsverzeichnis

1. Einführung

Beschäftigt man sich unter ideengeschichtlichen Gesichtspunkten mit politischer Anthropologie wird man wohl nicht an Aristoteles und Thomas Hobbes vorbeikommen. Aristoteles' und Hobbes' Theorien bilden durch ihre extreme Gegensätzlichkeit schon beinahe den Rahmen jeder politikanthropologischen Auseinandersetzung. Ist der Mensch ein „Herdentier" oder ein „Einzelgänger"? Ist er in der Lage, sein Leben selbst zu bestimmen oder braucht er dazu die Hilfe der Gemeinschaft? Wie viel Freiheit kann dem Mensch zugemutet werden und wie viel muss ihm zugestanden werden? Kann der Mensch allein glücklich werden oder kann er es nur im gemeinsamen Zusammenleben mit Seinesgleichen? Und worin besteht überhaupt das Glück für den Menschen? Etliche Fragen tun sich auf wenn man die beiden Philosophen vergleichen will. In dieser Arbeit soll das Menschenbild der beiden Theorien beleuchtet werden, wobei die Politik von Aristoteles als Ausgangspunkt gilt. Vor herein werde ich kurz den historischen Aristoteles vorstellen und darauf den politischen Aristotelismus in kurzen Punkten darstellen. Im weiteren Teil werden dann die beiden Menschenbilder analysiert und das Menschenbild Hobbes in Abgrenzung zu dem von dem Aristotelischen Menschenbild betrachtet.

2. Aristoteles und der politischer Aristotelismus

2.1. Über Aristoteles

Der 384 v. Chr. in Stageira geborene Aristoteles kam 367 v. Chr. als Siebzehnjähriger nach Athen und trat in die Akademie seines Lehrmeisters Platon ein. Erst mit dessen Tod 347 verlies Aristoteles Athen und begab sich nach Lesbos, wo er mit seinem Schüler Theophrast zusammenarbeitete, welcher später den Peripatos, die aristotelische Schule in Athen, gründete. Zwischen 335 / 334 und 323 / 322 lebte Aristoteles noch einmal bis kurz vor

seinem Tod 322 in Athen, wo er als Lehrmeister Alexanders des Großen tätig war.

Seine Werke galten bis in das späte Mittelalter als verschollen als diese mittels arabischer Quellen ins Lateinische übersetzt wurden. Seit dem gelten seine Schriften als die Basis des europäischen Politikdenkens.[1]

2.2. Politischer Aristotelismus

Aristoteles hat mit seiner Schrift „Politik" einen Grundstein für das philosophische Denken von der Antike bis zur Neuzeit geliefert. Seine Schrift war in dieser Hinsicht nicht nur Leitfaden oder Denkanstoß für die Philosophen, sondern auch – wie etwa bei Hobbes – ein Stein des Anstoßes, welchen es zu wiederlegen galt. Der politische Aristotelismus bezieht sich also nicht nur auf solche Philosophen welche sich an die Aristotelische Tradition halten, eine gewisse Grundüberzeugung im Denken genügt.

Für die Frage, was als charakteristisch für eine aristotelische Position in der politischen Philosophie gilt, können mehrere Kriterien genannt werden. Die fünf wesentlichen sollen hier erläutert werden:

1. Die Staatlegitimation bei Aristoteles liegt auf der Basis einer Theorie des guten Lebens (Eudämonismus). Er definiert das Ziel der Polis als das gute Leben seiner Bürger und er unterstellt, dass das gute Leben ohne Polis für den Menschen faktisch nicht erreichbar ist. Diese Verknüpfung erreicht er dadurch das er behauptet, die Polis sei das Gebilde, was den menschlichen Anlagen am besten entspricht, da es als einziges dazu in der Lage ist, artgerechte Lebensbedingungen zu versichern.[2]

2. Aristoteles legt Wert auf eine Differenzierung der unterschiedlichen Herrschaftsformen. Eine politische Herrschaft sollte nicht mit Machtbeziehungen wie etwa dem Verhältnis Herr – Sklave, Mann –

---

[1] Roth, Klaus; S. 40;
[2] Horn, Christoph; S.4;

Frau oder Eltern – Kind verwechselt werden. Die absolute Machtausübung eines Despoten über Abhängige oder Unmündige entspricht nicht gleich einer politischen Herrschaft. Ebenso deckt sie sich nicht mit einem fürsorglichen Paternalismus wie er in der Beziehung Männer über Frauen oder Eltern über Kinder besteht.[3]

Mit einer politischen Herrschaft versteht Aristoteles vielmehr, dass „die Regierung des Staatsmannes [...] eine Herrschaft über Freie und Gleichgestellte"[4] ist. Er orientiert sich dabei weiterhin an seiner eudämonistischen Ausgangsthese, dass der Staat den Zweck des möglichst besten Lebens aller Bürger beinhaltet und dabei eine Gemeinschaft von gleichen ist.[5] Es handelt sich also bei der Polis also um eine Gemeinschaft, welche von Ihresgleichen zum Wohle Aller geführt wird.

3. Die Diskussion verschiedener Verfassungsformen, wie bei Platon, hat auch bei Aristoteles Tradition. Daher kategorisiert er ein Verfassungsschema, in das die Verfassungen anhand der drei Staatsformen der Einzelherrschaft, Gruppenherrschaft und Volksherrschaft zu den Grundsätzen der Gesetzmäßigkeit oder Gesetzlosigkeit eingeordnet werden. Hierbei kommt es zu folgender Aufführung:

	Orientierung an Gesetzen	Gesetzlos
Einzelherrschaft	Monarchie	Tyrannis
Gruppenherrschaft	Aristokratie	Oligarchie
Volksherrschaft	Politie	Demokratie

Grundsätzlich ist bei Aristoteles festzuhalten, dass er die gesetzmäßigen Verfassungsformen bevorzugt. Denn diese unterstützen das Regieren zugunsten der Regierten und nicht wie

---

[3] Horn, Christoph; S.7;
[4] Aristoteles; Politik I 7, 1255b 20;
[5] Aristoteles; Politik VII 8, 1328a 36-38;

bei den gesetzlosen Verfassungsformen das Regieren zugunsten der Regierenden.

4. Ansatzweise ist bei Aristoteles eine Theorie der Mischverfassung zu erkennen. Dies wird zwar nicht explizit erwähnt, jedoch beschreibt er, dass die Politie aus Teilen der Oligarchie und Demokratie hervor geht. Bei dieser Entstehung bringt die Politie zum Teil die Vorzüge von Oligarchie und Demokratie in Einklang.

Durch die Konstellation des Egalitätsprinzips der Demokratie und des Proportionalitätsprinzips der Oligarchie in einer Verfassung beseitigt Aristoteles die Nachteile der einzelnen Verfassungen mit ihrer jeweiligen Klassenbevorzugung. Mit der Schaffung von Kooperation der beiden Machtfaktoren in einer Politie erzeugt Aristoteles so ein erstes Modell der Gewaltenteilung.[6]

5. Als Basis der Polis sieht Aristoteles die Politische Freundschaft dies stellt keine enge persönliche Bindung dar, sondern ein wechselseitiges bürgerliches Anerkennungsverhältnis. Dieses Anerkennungsverhältnis mündet in einer Kooperationsgemeinschaft, aus der sich die Polis gründet.[7] In dieser Gemeinschaft entwickeln sich dann die politischen Verhältnisse in denen die Bürger leben und nach denen sie sich richten.

Teile dieser Eckpunkte tauchen regelmäßig bei späteren Philosophen wieder auf, was die prägende Kraft der Texte Aristoteles bis heute spürbar macht.

3. Politische Anthropologie bei Aristoteles

Aristoteles hat seine Aussagen über den Menschen auf mehrere Bücher verteilt und keine anthropologische Abhandlung verfasst. Im Vordergrund dieser Arbeit wird nicht die biologische Beschreibung des Menschen stehen, bei der es sich mit dem Menschen um ein auf dem Festland lebendes

---

[6] Horn, Christoph; S.10;
[7] Horn, Christoph; S.13 f.;

Lungentier handelt, welches auf dem Land lebend gebärt. Vielmehr sollen seine charakteristischen geistigen Begabungen untersucht werden. Es soll die Frage beantwortet werden, was den Menschen als Mensch auszeichnet. Zwei grundlegende Aussagen tätigt Aristoteles als Antwort auf diese Frage:

1. Der Mensch ist ein politisches Lebewesen
2. Der Mensch ist ein sprach- und vernunftbegabtes Lebewesen.[8]

Der Schwerpunkt der folgenden Erläuterung dieser beiden Aussagen wird auf der ersten Aussage liegen.

Aristoteles begründet seine Ansicht damit, dass der Mensch nur in der Polis seiner Natur gemäß leben kann was dazu führt, dass der Mensch ein politisches Lebewesen ist.

Da Menschen allein nicht lebensfähig sind bilden sie Gemeinschaften in denen sie sich fortpflanzen und weiterentwickeln können. Dafür schließen sich zur Fortpflanzung und der Erhaltung der Art Männer und Frauen zusammen. Für die Weiterentwicklung und Erhaltung des Lebens verbinden sich Herren und Sklaven. Die Herren zeichnet ihr exzellent funktionierender Verstand aus, dafür mangelt es jedoch in der einträglichen Umsetzung der körperlichen Arbeit. Hier liegt dagegen der Vorteil der Sklaven, welchen die körperliche Arbeit eher liegt, als die Funktionalität ihres Verstandes zu nutzen. Demgemäß wären beide allein nicht zum Überleben im Stande, da dafür Geist und Körper gleichermaßen notwendig sind.[9] Durch die Verbindung der beiden Gemeinschaften Mann und Frau und Herr und Sklave entsteht nun eine größere Gemeinschaft, welche Aristoteles als das Haus (*oikos*) bezeichnet. Das Haus dient der Befriedigung der alltäglichen Grundbedürfnisse der Menschen. Aus mehreren Häusern entwickelt sich nun eine größere Gemeinschaft, das Dorf (*kome*). Aus mehreren Dörfern entsteht letztendlich die Polis, die vollendeteste Form aller Gemeinschaften, da sie, so Aristoteles, „das Endziel völliger Selbstgenügsamkeit (*autarkeia*) erreicht hat"[10].

Trotz der obersten Stellung der Polis in der Gemeinschaft und der errungenen Autarkie dieser. bedeutet dies nicht, dass die Polis die untergeordneten

---

[8] Höffe, Otfried; 1979; S.13-15;
[9] Aristoteles; Politik I 2, 1252a 25 f.
[10] Aristoteles; Politik I 2, 1252b 10-20

ergon-Argument

Gemeinschaften des Hauses und Dorfes verdrängt, denn diese werden innerhalb der Polis integriert und erfüllen weiterhin ihre spezifischen Aufgaben. Für Aristoteles stellt die Polis den Endzweck aller Gemeinschaften dar. Obwohl diese künstlich vom Menschen erschaffen wurde ist sie für ihn aber Natur, da Aristoteles eine Vollendungsform, welche die Polis ist, von ihm als Natur bezeichnet wird. Der Mensch ist demzufolge von Natur aus ein politisches Lebewesen (*zoon politikon*), denn er vollendet seine Entwicklung erst dann, wenn er in der Polis lebt. Ähnlich wie die Gemeinschaften der Polis sich selbst nicht genug sind zieht auch der Mensch die Nähe zu seinesgleichen vor, um sich vollends entfalten zu können. Die bloße Existenzsicherung des Menschen sieht Aristoteles jedoch nicht als Ursache der Erschaffung von Gemeinschaften, da so keine Unterscheidung der Menschen zwischen anderen staatenbildenden Wesen, wie beispielsweise Bienen, möglich ist. Die eigentliche Basis für die menschliche Gemeinschaft ist der so genannte *logos*. Als *logos* bezeichnet Aristoteles die spezifisch menschliche Sprach- und Vernunftbegabung, also die Fähigkeit des Menschen über die unterschiedlichen Pro und Kontras kommunizieren zu können.[11] So verfügen die Menschen über die Fähigkeit, sich über das Nützliche und Schädliche Gedanken zu machen, dieses mitzuteilen und damit gemeinsame Zielerreichungsstrategien zu entwickeln. Dieser gemeinschaftliche Austausch ermöglicht es, die eigenen partikularen Interessen zu überschreiten und im Sinne der Gemeinschaft zu denken und zu handeln. Durch das Überschreiten der Grenzen der Partikularität wird die Gemeinschaft zu einer spezifisch menschlichen politischen Gemeinschaft, einer Gemeinschaft, in der es nicht nur um das Nützliche und Schädliche geht, sondern auch um das Gute und Schlechte, sowie um Recht und Unrecht. Diese Möglichkeit des Diskurses über moralische Belange ist nur dem Mensch aufgrund des *logos* gegeben.[12] Die Bürger haben so die Möglichkeit, im Rahmen der Polis ihre Vorstellungen vom guten Leben auszutauschen und wirksam umzusetzen. So wird mit der Polis ein institutioneller Rahmen für die Auseinandersetzung der Bürger über das gute Leben und dessen

---

[11] Aristoteles; Politik I 2,
[12] Höffe, Otfried; 2001; S.26f.

Realisierung geschaffen.[13] Die Polis übernimmt dabei nicht nur die Aufgabe einer Austauschplattform, sondern sie ermöglicht es den *logos* der Menschen zu erwecken und sie dadurch für die Auseinandersetzungen mit anderen Mitgliedern über das gute Leben zu befähigen.[14]

Somit ist dargelegt, dass die Polis eine Gemeinschaft ist, welche sich nicht nur auf das Überleben bezieht, sondern auch, um seine Glückseligkeit bzw. sein gutes Leben zu verwirklichen. Die Natur des Menschen ist also erst dann erschöpft, wenn dieser in einer Gemeinschaft lebt, die nicht nur seine lebensnotwendigen Bedürfnisse erfüllen kann, sondern darüber hinaus auch die Bedürfnisse, die ein gutes Leben ausmachen.[15] Dennoch bleibt zu beachten, dass ein gutes Leben aber erst dann angestrebt werden kann, wenn das Überleben gesichert ist. Daher bleibt das Überleben das primäre Ziel einer jeden Gemeinschaft.[16] Denn ursprünglich betrachtet ist die Polis aus Überlebensgründen entstanden, sei es aus Gründen der Arbeitsteilung oder aus Gründen der Sicherheit. Aristoteles stellt fest, dass Gesetze für ein friedliches Zusammenleben entscheidend sind, da der Mensch grausam und asozial ist. Er schreibt dazu: *„Und daher ist er [der Mensch] denn ohne Tugend (arete) das ruchloseste und wildeste Lebewesen und in Bezug auf Geschlechts- und Gaumenlust das schlimmste von allen. Die Gerechtigkeit (dikaiosyne) aber stammt erst vom Staate her, denn das Recht ist die Ordnung der staatlichen Gemeinschaft; das Recht (dike) aber ist die Entscheidung darüber, was gerecht ist."[17]* Hier wird klar, dass Aristoteles nicht annimmt, dass die Menschen von Geburt an gesellschaftsfähig, friedliebend und kooperationsbereit sind. Es bedarf Gesetze, die diese in geregelte Bahnen führen und diese sind nur durch Institutionen wie die Polis, welche Sozialisationsprozesse unterstützen, durchsetzbar. So hat die Polis die zweigeteilte Aufgabe, den Menschen zum einen zu befrieden und sie zum anderen zum guten Leben anzuleiten, wobei letzteres für Aristoteles eindeutig die bedeutsamere Aufgabe darstellt. Dennoch ist der Mensch in Aristoteles'

---

[13] Höffe, Otfried; 1979; S.15-18.
[14] Höffe, Otfried; 2001; S.26f.
[15] Höffe, Otfried; 1979; S.15 – S. 20.
[16] Rapp, Christof; 2001, S.54.
[17] Aristoteles; Politik I 2, 1253a 35 - 40

Theorie ein soziales bzw. sogar politisches Lebewesen, denn seine Bestimmung ist es eben nicht allein und isoliert, sondern in und für die Gemeinschaft mit Seinesgleichen zu leben und zu handeln.[18] Daher sieht Aristoteles das Leben in der politischen Gemeinschaft nicht als Zwang für die Bürger und etwas Künstliches, sondern als etwas, das der Natur bzw. der Bestimmung des Menschen entspricht. Dass der Mensch nicht quasi von Geburt an gemeinschaftsfähig ist, sondern dies erst erlernen muss, widerlegt im Aristotelischen System nicht die Geltung der politischen Natur des Menschen.[19]

4. Politische Anthropologie bei Hobbes in Abgrenzung zu Aristoteles

In diesem Teil der Arbeit sollen die Aristotelischen Aussagen über den Menschen mit denen Thomas Hobbes konfrontiert werden. Dabei wird auffallen, dass Hobbes Theorie einen Gegenpol zu Aristoteles Theorie bildet. Man könnte beinahe den Eindruck gewinnen, als wäre Aristoteles Theorie der Stein des Anstoßes für Hobbes, welchen es zu wiederlegen gilt. Bewusst distanziert er sich von Aristoteles, dessen Theorien bis zu seiner Zeit überall als das Nonplusultra der Philosophie galten.

4.1. Der Mensch als Maschine

Bei Hobbes ähnelt der Mensch einer Maschine oder Automaten.[20] Der Mensch ist Teil der physikalischen Welt und damit den gleichen Gesetzen unterworfen, wie alle anderen Dinge auf Erden auch. Aus der Reaktion auf seine Umwelt heraus baut er sich nun eine „Wahrnehmungswelt und

---

[18] Aristoteles; Politik I 2, 1253a
[19] Höffe, Otfried; 2001; S.23f.
[20] Kersting, Wolfgang; 1992; S.64f.

Begierdenwelt"[21] auf, in der er Sachen bewertet und entscheidet, ob er sie anstreben oder vermeiden soll. Im Hobbesschen System ist der Aufbau der Wahrnehmungs- und Begierdenwelt individuell, so dass es nichts Unveränderliches und für alle Menschen Gültiges existiert. Durch diesen Relativismus verabschiedet sich Hobbes rigoros von der Vorstellung, eine ewig gültige Moralphilosophie aufstellen zu können, die objektiv sagen könne, was gut bzw. schlecht sei. Das Moralische wird in den Bereich der subjektiven Psychologie verschoben und kann damit auch nicht als Grundlage für die Gestaltung eines Gemeinwesens dienen.[22] *„Gut* nennt der Mensch jedweden Gegenstand seiner Neigung, *böse* aber alles, was er verabscheut und hasst, *schlecht* das, was er verachtet. Es müssen also die Ausdrücke *gut, böse* und *schlecht* nur mit Bezug auf den, der sie gebraucht, verstanden werden; denn nichts ist durch sich selbst *gut, böse* oder *schlecht* [...]."[23] Gut ist demnach das, was der Mensch zu erlangen sucht und schlecht bzw. böse das, was er versucht zu vermeiden. Doch von all diesem Relativismus gibt es eine Ausnahme, denn alle Menschen streben gleichermaßen nach demselben Gut, nämlich nach Selbsterhaltung. Da ein funktionsfähiger Körper die Grundlage jeden Strebens ist, gilt es für jeden Mensch als oberste Priorität, diesen zu erhalten. Somit wird die Selbsterhaltung zum obersten Gut menschlichen Strebens und zugleich zum Fundament Hobbes Relativismus der Ziele menschlicher Handlungen.[24] Mit seiner fundamentalen mechanistischen Grundannahme verdrängt Hobbes jedes Element des Normativen, aus dem Aristoteles' Philosophie der Tugenden und Pflichten im Wesentlichen besteht, zugunsten einer nüchternen Beschreibung der Neigungen und Interessen der Menschen. Hobbes ersetzt die Metaphysik, welche für die Grundlage der Ethik bei Aristoteles stand, durch die exakte Naturwissenschaft. Durch diesen Vorgang kann man laut Hobbes die Ethik nun als eine reine Wissenschaft bezeichnen

---

[21] Kersting, Wolfgang; 1992; S.67
[22] Kersting, Wolfgang; 1992; S.67f.
[23] Hobbes, Thomas; 2005; S.50.
[24] Chwaszcza, Christine; 2001; S.92f.

4.2. Die Auswirkung von Vernunft, Macht und Glück bei Hobbes

Im Hobbesschen System gibt es genau wie bei Aristoteles einen engen Zusammenhang zwischen Vernunftbegabung und Glück des Menschen, der inhaltlich jedoch vollkommen verschieden ist. Wie dargestellt, hängt bei Aristoteles die Vernunft untrennbar mit der Sprachbegabung des Menschen zusammen. Zwar können auch laut Hobbes nur sprachbegabte Wesen über Vernunft verfügen, aber da für ihn Vernunft lediglich darin besteht, Dinge mit Begriffen versehen zu können, sind ihre Möglichkeiten wesentlich geringer.[25] Im Leviathan grenzt Hobbes die Fähigkeit der Vernunft klar auf das Bilden von Begriffen ein. Die Begriffsbildung funktioniert dabei auf der Grundlage von mathematischen Operationen, genauer gesagt auf denen der Addition und der Subtraktion. Alles, was nicht addierbar bzw. subtrahierbar ist, kann laut Hobbes nicht zum Gegenstand der Vernunft werden.[26] Dennoch ist das Vermögen der Vernunft entscheidend, denn die Vernunft allein ermöglicht es dem Mensch, selbständig zu handeln. Der letztendliche Wille ist laut Hobbes damit „eine aus einer vorhergegangenen Überlegung entstandene Neigung."[27] Dieser menschliche Wille zeichnet sich dadurch aus, dass der Mensch nicht nur unterschiedliche Alternativen gegeneinander abwiegen kann sondern auch in der Lage ist, sich selbst zu durchschauen und so seine physikalische und soziale Umwelt durch sein Eingreifen zu verändern. Somit kann der Mensch nicht nur zwischen vorgegebenen Alternativen wählen sondern auch die Umstände der Handlung selbst mitgestalten und sich so neue Wahlmöglichkeiten erschließen. Damit ist der Mensch das einzige Lebewesen, das wirklich eigenständig handeln kann, da er nicht bloß aus Vorgegebenem wählen, sondern auch aktiv mitgestalten kann.[28] Obwohl auch bei Hobbes das höchste Vermögen des Menschen die Vernunft ist, kann sie weitaus nicht so viel verrichten wie der Aristotelische logos. Im Wesentlichen besitzt der Mensch laut Hobbes durch seine Vernunft die Fähigkeit, vom Unmittelbaren

---

[25] Chwaszcza, Christine; 2001; S.87.
[26] Hobbes, Thomas; 2005; S.39.
[27] Hobbes, Thomas; 2005; S.57.
[28] Chwaszcza, Christine; 2001; S.97-100.

zu distanzieren. Aufgrund dieser Distanzierungsleistung der Vernunft wird es dem Mensch möglich, eine Hierarchie seiner Interessen zu bilden und Strategien zu entwerfen, um diese bestmöglich erreichen zu können.[29] Während bei Aristoteles die menschliche Vernunft aber nicht primär dadurch bestimmt ist, den eigenen Nutzen zu maximieren, sondern sich gerade dadurch auszeichnet, dass sie es dem Mensch ermöglicht, seine persönlichen Interessen zugunsten denen der Gemeinschaft auszublenden, ist es ihr bei Hobbes nicht möglich.

Hobbes nimmt an, „dass alle Menschen ihr ganzes Leben hindurch beständig und unausgesetzt eine Macht nach der anderen sich zu verschaffen bemüht sind; [...] weil sie ihre gegenwärtige Macht und die Mittel, glücklich zu leben, zu verlieren fürchten, wenn sie sie nicht vermehren."[30] Das Ziel des menschlichen Machtstrebens ist demzufolge die Zukunftssicherung und nicht die Beherrschung anderer, wie man vielleicht meinen könnte. Macht zu besitzen ist deshalb wichtig, weil es laut Hobbes die Voraussetzung für Freiheit ist.

Im Zusammenhang mit dem Machtstreben steht auch das Glück der Menschen. Laut Hobbes können die Menschen Glück nur damit erreichen, dass sie ihre Bedürfnisse möglichst langanhaltend und umfassend befriedigen können. Somit wird der Besitz von Macht zur Voraussetzung des Glücks. Das Glück im System Hobbes' ist demnach von dem geglückten Leben in Aristoteles' Theorie grundsätzlich verschieden. Denn für Hobbes besteht Glück lediglich aus einer ausreichenden Bedürfnisbefriedigung heraus, während sich das Glück bei Aristoteles vor allem dadurch auszeichnet, dass der Mensch selbständig ist, d.h. dass er nichts außer sich selbst bedarf und sich eben nicht von seinen Begierden leiten lässt.

Laut Aristoteles kann der Mensch nur dann glücklich sein, wenn er über das höchste Gut verfügt, nämlich *logos*, um ein sich selbst genügendes Leben zu führen. Bei Hobbes hingegen kann er nur dann Glück finden indem er so viele Güter wie möglich anhäuft, um damit seine Begierden zu befriedigen.[31] Somit

---

[29] Kersting, Wolfgang; 1992; S.77.
[30] Hobbes, Thomas; 2005; S.90f.
[31] Kersting, Wolfgang; 1992; S.79-85.

wird Glück bei Hobbes zu einer quantitativen, im Dienste der instrumentellen Vernunft stehenden Größe, welche das Streben nach Macht verursacht.

5. Quintessenz

Bei der Herausstellung des Menschenbildes bei Aristoteles und Hobbes war zu erkennen, dass beide nicht immer strikt in ihren Theorien verankert waren. Denn auch der Mensch bei Aristoteles muss das Leben in der Gemeinschaft erst erlernen und auch für Hobbes war es klar, dass der Mensch allein nicht überlebensfähig ist. Jedoch bleiben die beiden Theorien sich tendenziell einander entgegengesetzt und damit auch unvereinbar. Dennoch können beide einen makellosen Rahmen für die Auseinandersetzung über das Wesen des Menschen bieten. Es ist aber wohl unmöglich, die Frage nach dem Menschen einhellig zu beantworten. Da keine allgemeingültige Formel aufgestellt werden kann, mit der eine Berechnung des Menschen und seines Verhaltens möglich ist, wird der Mensch wohl für die Menschheit das letzte offene Rätsel darstellen. Denn die Vielfältigkeit und Individualität des menschlichen Wesens ist schwer in klaren Strukturen und Analysen zu fassen, so dass stets darüber philosophiert werden kann und darf.

Wir können letztendlich nur versuchen uns und unsere Spezies zu verstehen, statt zu berechnen, und so Deutungsmöglichkeiten vorzulegen, die dem wahren Wesen teils mehr und teils weniger entsprechen werden. Da die Deutungsmöglichkeiten das einzige sind, was uns zur Verfügung steht, lohnt es sich durchaus, sich mit diesen zu beschäftigen. Auch die in dieser Arbeit aufgezeigten Aussagen über den Menschen von Aristoteles und Hobbes sind nur Deutungsmöglichkeiten. Dennoch halte ich die Aussagen über den Menschen von Aristoteles und Hobbes für eine sehr gute Möglichkeit, um das Wesen des Menschen zumindest annähernd erfassen zu können. Durch ihre extreme Gegensätzlichkeit spannen sie ein derart weites Feld auf, dass es

nicht unwahrscheinlich erscheint, das wahre Wesen irgendwo dazwischen entdecken zu können.

6. Literaturangaben

Aristoteles, Politik, *Wolf, Ursula* (Hg.), übers. von Susemihl, Franz, 2. Auflage, Reinbek. 2003. Böckenförde,

Bartuschat, Wolfgang, Anthropologie und Politik bei Thomas Hobbes, in: *Höffe, Otfried*, Thomas Hobbes: Anthropologie und Staatsphilosophie, Freiburg 1981

Chwaszcza, Christine, Anthropologie und Moralphilosophie im *Leviathan*, in: *Höffe, Ottfried* (Hg.), Aristoteles. Politik, in: *Höffe, Ottfried* (Hg.), Klassiker Auslegen, Band 23, Berlin 2001.

Hobbes, Thomas, Vom Menschen. Vom Bürger. Elemente der Philosophie II/ III, *Gawlick, Günter* (Hg.), übers. von Frischeisen – Köhler, Max, 3. Auflage, Hamburg 1994.

Hobbes, Thomas, Leviathan. Erster und zweiter Teil, übers. von Mayer, Jacob Peter, Stuttgart 2005.

Henkel, Michael, in: Hobbes und die Autorität des Staates, in: *Gröschner, Rolf* u.a. (Hg.), Rechts- und Staatsphilosophie. Ein dogmenphilosophischer Dialog, Berlin 2000.

Höffe, Otfried, Ethik und Politik, Frankfurt am Main 1979.

Höffe, Otfried, Sieben Thesen zur Anthropologie der Menschenrechte in: *Höffe,, Otfried* (Hg.), Der Mensch ein politisches Tier? – Essays zur politischen Anthropologie, Stuttgart 1992.

Höffe, Otfried, Aristoteles Politische Anthropologie, in: *Höffe, Ottfried* (Hg.), Aristoteles. Politik, in: *Höffe, Ottfried* (Hg.), Klassiker Auslegen, Band 23, Berlin 2001,

Horn, Christoph, Aristoteles und der politische Aristotelismus, in *Horn, Christoph* u.a. (Hg.), Politischer Aristotelismus, Stuttgart 2008,

Kauffmann, Clemens, England im 17. Jahrhundert: Thomas Hobbes, in *Horn, Christoph* u.a. (Hg.), Politischer Aristotelismus, Stuttgart 2008,

Kersting, Wolfgang, Thomas Hobbes zur Einführung, Hamburg 1992.
Kersting, Wolfgang, Die politische Philosophie der Neuzeit, in: *Kersting, Wolfgang* (Hg.), Leviathan oder Stoff, Form und Gewalt eines bürgerlichen und kirchlichen Staates, in: Höffe, Ottfried (Hg.), Klassiker Auslegen, Band 5, Berlin 1996.

O´Meara, Dominic, Der Mensch als politisches Lebewesen. Zum Verhältnis zwischen Platon und Aristoteles, in: *Höffe,, Otfried* (Hg.), Der Mensch ein politisches Tier? – Essays zur politischen Anthropologie, Stuttgart 1992.

Ottmann, Henning, Thomas Hobbes: Widersprüche einer extremen Philosophie der Macht, in: *Höffe,, Otfried* (Hg.), Der Mensch ein politisches Tier? – Essays zur politischen Anthropologie, Stuttgart 1992.

Rapp, Christof, Aristoteles zur Einführung, Hamburg 2001.

Roth, Klaus, Aristoteles, in: *Massing, Peter* u.a. (Hg.), Demokratie-Theorien – Von der Antike bis zur Gegenwart, Bonn, 2006

CPSIA information can be obtained
at www.ICGtesting.com
Printed in the USA
LVIC041426280812

296360LV00001B